AF479437

ASSOCIATION BRETONNE

L'ALGÉRIE

Conférence par M. KERSANTÉ

CONGRÈS DE REDON

1881

SAINT-BRIEUC

IMPRIMERIE-LITHOGRAPHIE-LIBRAIRIE DE L. PRUD'HOMME

1, PLACE DE LA PRÉFECTURE, 1.

1882

ASSOCIATION BRETONNE

L'ALGÉRIE

Conférence par M. KERSANTÉ

CONGRÈS DE REDON

1881

SAINT-BRIEUC

IMPRIMERIE-LITHOGRAPHIE-LIBRAIRIE DE L. PRUD'HOMME

I, PLACE DE LA PRÉFECTURE, I.

—

1882

L'ALGÉRIE

Conférence par M. Kersanté

MESSIEURS,

I. — L'un des sujets les plus importants que puisse examiner aujourd'hui une grande Association d'agriculteurs et de propriétaires comme l'Association bretonne est incontestablement celui de notre *colonisation* algérienne qui tend ses bras vers le trop plein des populations européennes et leur offre les plus séduisants moyens de sortir, par le travail, de l'existence précaire et malheureuse qui les désole et les désespère.

On répète sans cesse que la France est totalement dépourvue du génie colonisateur qui a créé la richesse et la puissance de l'Angleterre sa voisine, et qu'elle reste impuissante à faire de cette terre privilégiée d'Afrique une seconde France qui, dans les moments de crises et d'infortune, lui ouvrirait largement, comme l'Inde le fait pour l'Angleterre, ses trésors de richesses et de puissante intervention.

Cette critique, il faut bien le reconnaître, est justifiée par l'apparence des faits. On ne s'explique pas comment cette terre privilégiée de toutes les productions générales de l'agriculture, ne possède encore, après cinquante années d'attente, qu'une population européenne ne dépassant guère le *douzième* de la population indigène ! A quoi tient cette lenteur du peuplement colonial ? Sommes-nous donc désormais, nous Français de la Mère-Patrie, assez inaccessibles aux sentiments des intérêts nationaux les plus chers ; à ces sentiments d'honneur, de prévoyance, de tenacité et de patriotisme qui avaient fait la France si grande et si respectée, pour désespérer de nos forces en présence du devoir qui s'impose à nous de prendre enfin courageusement en main l'œuvre de la régénération de l'Algérie ? Devons-nous rester sans espoir de voir se diriger vers ce sol, où flotte le drapeau civilisateur de la France, les bras qui doivent le féconder et faire entrer cette seconde Patrie dans les voies diverses de son développement économique !

Messieurs, je ne le crois pas.

Je suis, au contraire, convaincu, après avoir visité ce beau pays, que, si les Pouvoirs publics, qui ont en main les destinées de la France, consentent, enfin, à prendre souci des intérêts algériens ; à reconnaître que là se trouve la source de nos éléments les plus précieux de force et de richesses, et à remanier totalement l'organisation défectueuse du pays, l'Algérie prendra promptement le rang qui lui appartient parmi les contrées les plus fertiles, les plus prospères et les plus recherchées du domaine agricole et industriel.

L'*imperfection* de son organisation générale tant au point de vue administratif qu'aux points de vue militaire, judiciaire et agricole, a paralysé les premiers élans des colonisateurs, et arrêté le flot de l'*immigration* qui devait féconder et transformer ce sol.

Comme il arrive, hélas ! trop souvent en France, on a abreuvé ce pays de belles *proclamations*, d'encourageantes *promesses*, mais les *actes* sont restés absents ;

Ce qu'il faut désormais à l'Algérie, Messieurs,

ce ne sont plus des *paroles*, mais des *actes; res non verba !*

C'est sur cette situation, Messieurs, que je vous demande la permission de présenter quelques observations.

II. — Jusqu'à ce jour, Messieurs, l'Algérie n'a guère été considérée, par les gouvernements qui se sont succédés en France, que comme un domaine acquis, qu'il fallait se borner à surveiller et conserver, sans se préoccuper de faire sérieusement des efforts suffisants pour en faire une seconde France, par la création de sa prospérité agricole et industrielle, qui eût déterminé sûrement l'arrivée des ouvriers colonisateurs et défricheurs. Mais pour créer cette prospérité, il fallait d'abord assurer par une organisation militaire fondée sur l'observation des faits et des mœurs indigènes, la complète sécurité de la colonie.

Nous verrons que jusqu'à ce jour cette garantie n'a point été donnée.

Il est donc de notre devoir, il est du devoir de tout citoyen dévoué aux intérêts généraux de la France, d'appeler sans cesse l'attention du Gouvernement sur la situation agricole et économique de l'Algérie. Il est urgent que le bruit de cette sollicitude et de cette préoccupation gouvernementale, se répande, et démontre au monde européen, que là se trouvera, enfin, pour les familles laborieuses, un *sol* fertile qui les attend, une *sécurité* complète pour leurs personnes et pour leurs biens.

LE SOL

Les possessions territoriales que la France possède en Algérie sont très étendues, et la *grandeur* de cette colonie est généralement ignorée du public.

Ces possessions forment un rectangle presque régulier, ayant pour côtés, au *nord*, la ligne du rivage de la *Méditerranée* ; à *l'ouest*, la ligne frontière du *Maroc,* dont l'Algérie est séparée par la rivière la *Moulouïa,* suivant le traité du 18 mars 1845; à l'*est* par la ligne frontière de la *Tunisie,* et au *sud* par les régions sahariennes, mais sans limites fixes de ce côté où la France, ne rencontrant que des populations nomades, peut étendre sa frontière jusqu'au point que ses intérêts et sa politique peuvent exiger.

Le développement de ses côtes sur la Méditerranée comporte une étendue de 1020 kilomètres (deux cent cinquante-cinq lieues) depuis la frontière de la Tunisie à celle du Maroc. C'est là un développement maritime qui donne à l'Algérie tous les débouchés désirables.

D'après les points admis en 1848 comme limites, vers le *sud*, des possessions algériennes, leur superficie était déjà considérable. Ces points étaient: 1° pour la province de Constantine, *Biskra* ; 2° pour la province d'Alger, *Aïn-madhy* ; 3° et pour celle d'Oran, *Saïda*. Ce rectangle offrait une étendue superficielle de 378 mille kilomètres carrés. Cette superficie était égale aux quatre cinquièmes de celle de la France.

Mais en 1849, par un traité entre la France et le pacha *Ben-Djella,* la limite de la province de Constantine fut portée, dans la direction du *sud*, jusqu'à *Touggourt*, éloigné de 280 kilomètres au sud de *Biskra*. Il en a été ainsi pour les autres provinces, et l'on peut affirmer aujourd'hui que cette superficie, que l'on porte à 600 mille kilomètres carrés, *ou 60 millions d'hectares*, n'est point exagérée, quoique dépassant largement la totalité de la superficie de la France.

Mais cette vaste étendue est-elle un désert ?

Constitue-t-elle une région inhospitalière et inhabitable ? Non, Messieurs.

Elle est bien traversée de l'*est* à l'*ouest*, dans sa partie septentrionale, par une chaîne de montagnes : le *petit Atlas*, qui s'étend depuis les montagnes de l'*Edoug* près de Bône, jusqu'au *Djebel-Annas*, près de *Tlemcen*; et, dans sa partie intérieure, par le grand *Atlas* qui, très élevé à l'est, au *Djebel-Aurès*, s'abaisse progressivement vers l'occident.

Mais ces monts, qui n'ont, nulle part, une grande hauteur, sont plus propices à l'agriculture des belles plaines qu'ils abritent, que nuisibles au pays.

Entre les crêtes du littoral et ces montagnes s'étendent ces belles plaines fertiles, qui ont fait, dans les temps anciens, la renommée historique de la fécondité du sol, et au nombre desquelles il faut classer au premier rang la plaine de la *Mitidja*, près d'Alger.

Ces principales plaines sont :

La plaine de *Bône* ; celle de la *Medjana*; celle de la *Mitidja* ; celle du *Cheliff*, ce roi des cours d'eau algériens, et celle d'*Oran*.

On est véritablement peiné de voir plusieurs

d'entre elles, quand on les traverse par ces belles routes que l'administration française y a tracées depuis 1830, couvertes de hautes herbes ou de broussailles, au sein desquelles ces routes, se déroulant comme de longs rubans, attestent seules l'action du travail moderne. Ces herbes, une fois desséchées, l'arabe ne se fatigue pas à les couper, pour avoir des herbes nouvelles pour le pacage de ses troupeaux, il y met le feu, et, sur ces étendues carbonisées, pousse, au printemps, une herbe tendre dont ses troupeaux font leur pâture.

Le plus souvent, les incendies de forêts qui se manifestent en Algérie, avec un caractère désastreux, n'ont pas eu d'autre cause que ces incinérations des herbes desséchées, dont les flammes, poussées par le vent, ont dépassé les limites prévues par l'arabe.

Cependant, c'est dans les plaines que la véritable industrie agricole de la colonie s'est développée. Et nous verrons, par des exemples, avec quels avantages, pour ces pionniers tenaces, ces progrès se sont accomplis. Et les belles exploitations qui, malgré les obstacles de toute espèce, sont la gloire de la colonisation agricole, témoignent hautement de ce que devrait être aujourd'hui l'Algérie, si, toujours, une administration clairvoyante et compétente avait su, à l'exemple des Etats-Unis d'Amérique, y attirer l'immigration des colons qui, depuis vingt années, émigrent d'Europe pour ce pays, par centaine de mille, et vont là, après avoir été instruits par l'Europe, forger des armes pour combattre l'Europe agricole et industrielle.

Au point de vue de sa topographie générale, on

peut donc diviser nos possessions algériennes en quatre *zônes*, presque parallèles aux rivages de la mer.

La zône des plaines et des plateaux du petit Atlas ;

La zône de ceux du grand Atlas ;

La zône plate des Steppes ;

Et la zône des Oasis.

Ces deux dernières sont limitées par le Sahara. Peu cultivées par l'homme, elles produisent surtout l'*alfa*, dont les exploitants viennent d'être si cruellement maltraités par les indigènes, le maïs, les dattes.

Les deux premières zônes, à partir de la mer, forment ce qu'on appelle , suivant l'expression arabe, le *Tell*. C'est la partie de nos possessions où toutes les cultures, dont je signalerai plus loin la nature, peuvent être fructueusement pratiquées. Le *Tell* est : l'*alma tellus nutrix hominum* des Romains. Et il n'y a pas de doute que le mot *Tell* ait été emprunté aux Romains par les Arabes comme diminutif de *Tellus*, bonne terre. Et pour se former une idée de l'étendue du *Tell*, en parcourant la carte de l'Algérie, l'on peut considérer comme étant ses limites vers le sud, à partir du littoral qu'il embrasse, une *ligne* partant de *Tebessa*, sur la frontière de Tunisie, et passant par *Biskra*, *Thaya*, *Tiaret*, *Saïda*, *Daya*, y aboutissant à *Sebdou*, sur la frontière du Maroc.

La loi de 1873, concernant l'établissement de la propriété individuelle, donne bien au *Tell* des limites méridionales plus au *sud* des points qui viennent d'être indiqués, mais, à partir de la ligne marquée par ces points, le sol perd progressivement ses qualités *telliques*, et il appartient plutôt aux régions sahariennes intermédiaires.

Au-delà de ces limites du *Tell* commencent les *zônes* sahariennes de l'Algérie, qui barrent l'entrée du vrai Sahara et du *désert,* mais qui ne sont point le *désert*.

La zône des Steppes, à partir du second *Atlas,* est peu cultivée et peu habitée ; mais elle produit des herbes, et l'alfa naturel, tandis que la zône des oasis, qui se compose de grandes plaines, de nombreux lacs, dont je parlerai plus loin, est très habitée et parsemée de plantations de palmiers de toute beauté. On y rencontre *Ouargla*, à 400 kilomètres d'Alger, entourée de plus de 150,000 pieds de palmiers ; *Laghouat*, en possédant plus de 30,000 ; *Mettili*, la plus séduisante oasis, qui possède plus de 25,000 palmiers produisant la *datte* la plus estimée du Sahara. Elle comprend , en outre, de vastes pâturages, à cause de l'abondance de l'eau souterraine qui entretient, sous ce soleil brûlant, la fraîcheur du sol.

C'est là la dernière étape vers le *Soudan*, ou le désert aride, que, dans leur langage figuré, les Arabes appellent le pays *de la soif*.

Le *Tell*, les plateaux des Atlas et les vallées qu'ils forment constituent un sol très fertile. La sécheresse seule de l'été peut nuire à la bonne venue des ensemencements. Mais l'agriculteur prévoyant peut atténuer largement ce désastre, en *captant* et retenant, par des barrages, pour la saison des chaleurs, les eaux abondantes que verse partout, pendant plusieurs mois, la saison des pluies.

RÉGIME DES EAUX

III. — Dans les pays à température chaude, comme l'Algérie, l'eau est un élément indispensable de bonne réussite dans les productions agricoles.

Mais le régime des eaux se présente, dans ce pays, sous deux aspects, suivant qu'il s'agit du *Tell*, ou des contrées placées au-delà du grand *Atlas*, des zônes sahariennes.

1° Dans les contrées qui se trouvent entre ces dernières montagnes de l'Atlas et la mer, existent de nombreux cours d'eau ; je ne dis pas des fleuves, car aucun de ces cours d'eau n'est navigable, quoique roulant un volume d'eau considérable pendant l'hiver. Cette innavigabilité est occasionnée par ce fait : que ces cours d'eau prennent leurs sources dans les points des Atlas très élevés au-dessus du niveau de la mer, sans être loin de leurs embouchures. De sorte que cette courte distance, relativement à la pente rapide qui sépare ces sources de la mer, transforme ces rivières en torrents qui roulent à pleins bords, et avec une violence interdisant toute navigation pendant la saison des pluies. Ainsi, pour un citer un exemple, le *Rummel*, qui passe à Constantine, se trouve, là, à une altitude de 684 mètres au-dessus du niveau de la mer et à son embouchure, qui n'est qu'à 17 lieues de Constantine, ce qui lui donne par mètre une pente rapide.

Cependant, la rivière *la Seybouse*, qui vient verser ses eaux dans le port de Bône, et qui présente à cette embouchure, une largeur de 90 mètres environ, est navigable aux grands bateaux de transport, sur environ 9 kilomètres.

Tous ces cours d'eau du Tell portent leurs eaux à la mer.

Malheureusement, quand vient la saison du *soleil* et des grandes *chaleurs*, ces cours d'eau se débarrassent de leurs eaux par évaporation, et ne conservent, dans leurs lits, que des nappes d'eau souvent insignifiantes. Les réservoirs d'irrigation sont donc d'une utilité incontestable.

2⁰ Quant aux cours d'eau qui prennent leurs sources dans le versant méridional du grand Atlas, ou dans les plaines placées au sud de cette chaîne de montagnes, ils coulent tous, excepté le *Cheliff*, dont je vais parler, dans le bassin des deux zones sahariennes, sans pouvoir franchir cette chaîne qui s'oppose à leur cours vers la mer, et sans pouvoir trouver d'issues vers le désert du Soudan. Et, comme leurs eaux sont abondantes pendant la saison des pluies, ils les roulent à travers ces plaines jusqu'aux *lacs* que ces adductions séculaires ont créés, lacs désignés sous le nom arabe de *Chott*. Ces eaux, qui roulent, soit sous un sol chargé de principes salins, qui proviennent des nombreuses mines de sel qui existent dans ces contrées, soit à travers les couches mêmes de ces mines, sont elles-mêmes saturées de sels quand elles arrivent dans ces *Chott*, qui sont appelés avec raison des *lacs salés*.

On se demande où peut s'écouler cette immense quantité d'eau, ainsi emmagasinée tous les six mois dans ces réservoirs créés par la nature? Elle ne s'écoule pas du tout. Ces *lacs*, qui présentent, quand ils sont pleins, de vastes surfaces, sont peu profonds ; et la masse d'eau qu'ils contiennent est, à la fin de l'été, totalement disparue, laissant à sa place une couche blanche, comme le sable du désert, et qui n'est autre chose qu'une couche d'excellent sel, dont les indigènes font un grand commerce. Pour donner une idée de l'immense surfaces dé ces *chott.* de ces *lacs* temporaires, celui connu au sud de *Biskra* sous le nom de *Chott-Melrir,* où la grande rivière de l'*Oued-Djeddi,* après avoir traversé tout le sud de l'Algérie, depuis la frontière du Maroc, par un cours de 130 lieues, vient verser ses eaux, offre une surface de plus de trois cents lieues carrées. C'est une mer.

En outre, dans ces plaines sahariennes, comme si la Providence avait pris soin de placer le remède à côté du mal, l'eau souterraine n'est point à une grande profondeur, et des forages peu coûteux permettent aux populations de se la procurer.

J'ai mentionné, Messieurs, le grand cours d'eau : le *Cheliff.* Je ne veux pas le passer sous silence. Il mérite un signalement spécial ; car, seul de tous ceux qui prennent leurs sources dans les zônes sahariennes partant des flancs de la masse rocheuse du *Djebel-Amour,* il franchit les chaînes qui séparent ces plaines de la mer, passe à *Taguin* où le duc d'Aumale prit la *Smala* d'Abdel-Kader, traverse le *Tell* et Orléans-Ville, arrose et fertilise les plaines qu'ils parcourt, et vient verser ses eaux, après un cours de 400 kilomètres, dans la Méditerranée, à environ 9 kilomètres de Mostaganem.

LE CLIMAT

IV. — De grandes controverses se sont élevées par le passé, sur la situation sanitaire de l'Algérie. Ce climat diffère-t-il notablement du climat européen ? Contient-il, au point de vue hygiénique, des causes d'épidémie, ou d'insalubrité capables de paralyser les forces et les ardeurs du travailleur européen ?

La négative est aujourd'hui incontestable.

Le climat d'un *pays* est constitué par les phénomènes qu'engendre sa situation astronomique ; son voisinage ou son éloignement de la mer ; la topographie de son sol, et sa composition ; sa latitude enfin ; autant de causes qui influent sur sa température et sur la composition de l'air qu'on y respire.

Or, le climat de l'Algérie est, pour tout le *Tell* au moins, le climat du midi de la France, puisqu'Alger n'est qu'à 804 kilomètres de Marseille.

Dépourvue de ces fièvres paludéennes qui, dans les pays vierges, surgissent d'un sol nouvellement ouvert, l'Algérie offre aux colons de toute provenance, une salubrité parfaite, et qui ne souffre d'atteinte qu'aux environs de quelques marais, non encore desséchés, mais dont les miasmes délétères sont victorieusement combattus par un régime prudent et réglé de conduite et de vie.

La saison des chaleurs seule peut atténuer les forces physiques des hommes du nord européen, et leur commander des précautions ; mais elle n'a rien d'insalubre. Ces chaleurs même ne sont pas exorbitantes.

Ainsi, dans la zône du littoral, il a été constaté par des observations de plusieurs années, qu'elles ne s'élèvent pas, en moyenne, au dessus de 32 degrés ; que dans l'intérieur elles ne dépassent pas 38° ; et que dans les régions sahariennes, seulement, au sud de *Laghouat*, elles varient entre 45 à 50 degrés.

Dans l'hiver la température est très douce dans toute l'étendue du *Tell*. Il n'existe de froid intense que sur les sommets des *Atlas*, quand leur élévation dépasse 700 mètres au-dessus du niveau de la mer.

Quelques *pics* exceptionnellement élevés conservent leurs neiges même pendant l'été ; mais c'est là un phénomène rare.

Je signalerai les époques où la climature se modifie pendant l'année et qu'il importe au colon de bien connaître.

En Algérie la *saison des chaleurs* commence dans la dernière quinzaine d'avril, et elle finit à la fin du mois de septembre, ou dans la première quinzaine d'octobre. La *saison des pluies*, saison tempérée, commence vers la fin d'*octobre* pour se continuer progressivement jusqu'à la fin d'avril.

Des observateurs avaient essayé d'assigner aux pluies hivernales, en Algérie, une chute *fixe* et *périodique*. C'est une erreur que les observations sérieuses des colons ont infirmée.

Il est constaté et admis aujourd'hui : 1° qu'il ne pleut jamais, sur ce sol privilégié, pendant le temps qui sépare la fin du mois de *mai* de la fin du mois d'*août* ;

2° Et que les pluies ne commencent à tomber qu'en octobre, rarement en septembre, pour continuer pendant l'hiver, à intervalles plus ou moins longs, et finir au commencement du mois de mai.

Les mois les plus pluvieux sont généralement : *octobre, décembre, février* et *mars*.

Il arrive souvent que la fin de l'année est signalée par de très beaux jours, mais il est aussi très rare que les mois de février et de mars ne soient pas signalés, eux, par des pluies abondantes.

Du reste, il y tombe chaque année à peu près la même quantité d'eau ; car, suivant les observations faites à Alger, à l'*udomètre*, pendant longues années, cette quantité varie entre 765 et 1046 millimètres ; la moyenne est de 856 millimètres, et les années qui ne donnent pas au moins le *minimum* sont rares et calamiteuses.

Ces pluies, rafraîchissant l'air, opèrent chez l'homme d'origine septentrionale européenne une réaction d'activité que paralysaient un peu ces chaleurs, et versent au sol, en le pénétrant, les éléments fertilisateurs de l'atmosphère, tout en activant les fermentations qui déterminent l'assimilation aux plantes des principes nutritifs. Les premières ondées, surtout, quand elles arrivent dans la fin du mois de septembre, sont accueillies par les populations avec les plus joyeuses démonstrations de contentement.

Il résulte de ces considérations, Messieurs, que l'année agricole est formellement divisée, en Algérie, en deux parties, je dirais mieux, en *deux saisons* au lieu de quatre : l'*une* qu'on peut appeler la *saison du soleil*, qui est caractérisée par l'élévation de la température ; et l'*autre* qu'on peut appeler la *saison des pluies,* et qui est caractérisée par l'abaissement de cette température.

La coutume arabe de diviser l'année en quatre saisons ne paraît donc pas reposer sur l'observation des faits climatériques.

Ils appellent :

1° *Chetta* (saison des pluies) de novembre à mars ;

2° *Rebia* (saison des fleurs) de mars à mi-mai ;

3° *Ssif* (saison d'été) de mi-mai à septembre ;

4° *Kkarif* (saison des fruits) de septembre à mi-novembre.

On ne peut douter, en présence de ces indications, que les arabes ont fondé la division des quatre saisons de l'année sur la simple observation des productions de la terre.

V. — Dans les considérations que je viens d'avoir l'honneur d'exposer devant vous, Messieurs, je me suis attaché à esquisser brièvement la physionomie topographique du sol que je voudrais voir servir de piédestal solide au monument d'une colonisation florissante. Mais il ne peut y avoir d'agglomération florissante si l'organisation économique et politique du pays ne répond pas aux besoins divers qui naissent sous les pas de populations condamnées à arracher au sol, par la tenacité du travail, tous les éléments nécessaires à la vie.

Permettez-moi donc, Messieurs, de jeter un rapide coup d'œil sur l'état de cette *organisation* en Algérie, et de n'aborder qu'en finissant l'examen de la situation de l'agriculture pratique, adoptée par les colons.

ADMINISTRATION GÉNÉRALE

VI. — Depuis la conquête des diverses parties de notre colonie algérienne, les pouvoirs publics se sont attachés à créer, sur cette terre rebelle aux idées européennes, les bases d'une administration générale calquée sur celle de la Métropole.

Jusqu'en 1834 le commandant-général des forces militaires à Alger, et l'intendant civil, se partageaient toute l'autorité gouvernementale.

Mais aux termes d'une ordonnance rendue par le roi Louis-Philippe le 22 juillet 1834, les possessions algériennes furent placées sous l'autorité d'un gouverneur-général, dépendant du ministre de la guerre.

Et par une autre ordonnance royale du 15 avril 1845 les nombreuses attributions du gouverneur-général sont définies, et ces possessions divisées en trois provinces : celle d'*Alger*, celle d'*Oran* et celle de *Constantine*, qui sont elles-mêmes divisées en *arrondissements*, *cercles* et *communes*, et pourvues d'administrations civile et militaire par autre ordonnance du 1er septembre 1847.

Le système communal, qui est encore aujourd'hui peu développé en Algérie, avait été créé et parfaitement organisé dès 1847 par une ordonnance du Roi du 28 septembre, où toutes les attributions des municipalités et des conseils municipaux sont minutieusement définies.

Enfin, à la place des directeurs, sous-directeurs et commissaires civils préposés jusqu'en 1860 à l'administration des provinces, sous l'autorité du commandement militaire, on a institué des préfets et des sous-préfets.

L'arrondissement a été divisé en cantons ou districts, et le canton en communes. Malheureusement, de grandes lacunes existent encore pour compléter cette organisation administrative, par suite du maintien de la division des arrondissements en *territoires civils*, et en *territoires militaires*.

Les territoires militaires sont des centres affectés aux *indigènes* qui n'habitent pas d'une manière permanente une même contrée, ou bien qui restent isolés des autres colons et ne se trouvent attachés à aucune réunion communale.

Ces lacunes doivent disparaître par la création sur tous les points, de la constitution communale qui rapprochera les races au lieu de les isoler ; et qui, par le contact de tous les habitants s'opérant forcément sous l'uniformité de la loi, amènera progressivement entr'eux l'harmonie des relations, et l'apaisement des haines que cet isolement permet aux fanatiques du Koran, d'entretenir et d'enflammer dans le cœur des indigènes mahométans.

Cette généralisation du système communal est d'autant plus facile que cette population indigène offre, chez elle, à un degré évidemment rudimentaire, cette division communale, sous les noms de *Tribus* et de *Douars*.

Lors de la conquête, la France trouva le peuple arabe réparti en *Tribus*, de même que la France primitive était divisée en provinces. Chaque *Tribu* avait et a conservé son nom, telles que celles : des *Flissa* chez les Kabyles ; des *Beni-Sliman*, des *Djebel-Amour*, chez les Arabes ; et est divisée en *Douars*, agglomération de *tentes*, placées en rond, et formant, comme de petits *Bourgs* sur la surface du territoire de la Tribu.

Ces *Douars*, Messieurs, constituent autant de têtes de communes, et quand la ferme volonté de la France aura courbé, enfin, sous son autorité reconnue, toutes ces populations isolées et sans cohésion, l'organisation de la commune, qui est la base de toute organisation gouvernementale, ne rencontrera plus aucun obstacle.

Sous le nom d'Arabes, Messieurs, on a l'habitude de confondre tous les indigènes de l'Algérie. C'est une erreur.

Ces indigènes se divisent en plusieurs races qu'il est utile d'indiquer pour les apprécier.

Lors de la conquête nous avons trouvé :

1º Les Berbères, qui sont, sous le nom de Kabyles, les seuls indigènes autochthones de l'Algérie habitant l'ancienne Numidie des Romains ; 2º les Arabes venus dans ce pays, vers le XIᵉ siècle, des contrées de l'Egypte ; 3º les Maures ou Arabes des villes ; 4º les Juifs arabisés.

Les Kabyles constituent le tiers de ces populations et sont des habitants stables des deux Kabylies.

Mais il faut bien se garder, Messieurs, en mettant en marche, dans ce pays d'une physionomie spéciale, la machine administrative de la France, de porter atteinte au prestige militaire qui, *seul*, je le démontrerai, impose aux indigènes, et peut dompter cet esprit de ruse, d'embûches et de révolte qui, à chaque instant, force la France à prendre les armes.

Deux *nécessités,* en effet, s'imposent aux Pouvoirs publics pour l'organisation définitive de la colonie :

1° Donner aux *fonctionnaires civils* de tous ordres l'administration civile pour la bonne gestion de laquelle ils ont été préparés ;

2° Et placer tous ces administrateurs civils sous l'autorité du commandement militaire, de façon à ce que le maire dépende du sous-préfet ; que ce dernier dépende du préfet ; que le préfet dépende du commandant militaire, et que ce dernier dépende du Gouverneur général, qui doit être lui-même un officier de terre ou de mer et qui, lui, se trouve le représentant, dans la colonie, du gouvernement de la Mère-Patrie et le correspondant de tous les ministères, en conformité du décret du 7 juillet 1864.

Les promoteurs d'une organisation gouvernementale purement civile de la colonie, à laquelle serait subordonné le commandement militaire, ou bien n'ont pas étudié sérieusement les *conditions essentielles* de pacification du pays et de sécurité pour les colons ; ou bien, cédant à des entraînements systématiques, sont le jouet d'illusions funestes pour l'avenir de cette conquête, et contraires au patriotisme qui doit les animer.

C'est là une vérité que je tâcherai de mettre en lumière par les considérations qui vont suivre sur l'organisation de la défense.

LÉGISLATION COLONIALE SUR LA PROPRIÉTÉ

VII. — Un point important, Messieurs, qui semble n'avoir pas préoccupé les Pouvoirs publics depuis la conquête, est celui de la législation sur la propriété foncière.

La France, avec son caractère chevaleresque et désintéressé, a pratiqué, pour le peuple vaincu, la générosité jusqu'à l'héroïsme. En présence de la tenacité de sa résistance à reconnaître l'autorité du vainqueur, tout autre conquérant aurait cherché, dans un châtiment sévère, à le punir d'une telle ingratitude. Mais, au lieu de ces moyens violents d'imposer la soumission, elle a continué à employer des demi-mesures, et à chercher l'apaisement des haines et la soumission des volontés par des concessions continuelles et impolitiques.

Si la capitulation, signée par le conquérant avec le Dey d'Alger le 5 juillet 1830, stipulait *que la propriété des vaincus ne recevrait aucune atteinte,* cet acte de désintéressement ne devait pas être interprété en ce sens que tout sol possédé temporairement par les Arabes serait enlevé à la revendication de l'Etat français.

Cependant, pour ne pas laisser soupçonner qu'on ne respecterait pas cette vague stipulation, le Gouvernement laissait aux indigènes la possession des terres dont ils avaient la possession apparente au moment de la conquête.

Ni l'ordonnance royale du 1er octobre 1844, ni la loi du 16 juillet 1851, qui s'occupèrent du droit de propriété, ne modifièrent cette *possession* anormale ; et les Arabes, si souvent en révolte contre la *France,* n'en continuaient pas moins à détenir, sans contrôle, un domaine qui appartenait à la *France* !

Si l'humanité commandait de ne pas donner à la conquête le caractère de châtiment d'un peuple vaincu, mais de lui tendre la main pour sa rédemption, et de le conduire, par les voies de la civilisation, au relèvement que son passé de gloire littéraire et scientifique pouvait faire espérer, elle n'exigeait pas cette politique de perpétuelles concessions qu'un peuple guerrier, comme l'Arabe, considère comme de la faiblesse.

On devait donc espérer que cet état d'incertitude du droit de propriété, qui laissait la propriété du Domaine public confondue avec la propriété des indigènes, et qui nuisait si gravement au développement de la colonisation agricole, serait amélioré par une loi qui fixerait le droit de chacun ; car la propriété du sol ne peut rester incertaine. Elle doit toujours être définie, reconnue et constituée comme un droit, dans tout pays civilisé. Elle est la pierre fondamentale de la prospérité nationale, et la raison d'être du travail individuel.

Cependant par un *Senatus-Consulte* du 13 avril 1863, le Gouvernement français, tout en faisant un pas vers cette amélioration, n'eut pas encore le courage de rompre la tradition du passé ; il se borna à définir les principes d'après lesquels les Arabes seraient reconnus définitivement propriétaires du sol, laissant subsister la confusion de la propriété collective, et l'ignorance des caractères de la *possession enfantant le droit de propriété*. En déclarant, en effet, que les *Tribus* et *fractions de Tribus* seraient désormais « *propriétaires incom-* » *mutables* des terrains qu'elles occuperaient à » demeure fixe au moment de sa promulgation, et » dont elles auraient la jouissance traditionnelle, à » quelque titre que ce fût, » le *Senatus-Consulte* ne faisait que consacrer ce qui existait, et n'apportait pas une lumière suffisante dans ces ténèbres.

C'était donner aux indigènes nomades, qui ont toujours la jouissance temporaire des terres qu'ils parcourent, le droit de revendiquer, comme *propriété*, la plus grande partie du pays.

Quelles preuves le Domaine pourrait-il alléguer pour repousser leurs prétentions de propriété, sur des terres qu'il prétendrait lui appartenir, mais dont elles auraient eu la *jouissance temporaire* dans leurs courses périodiques ?

Evidemment aucune.

On est allé plus loin. On a concédé aux Arabes d'être traités, dans beaucoup de cas, suivant *les lois musulmanes*. Or, il n'y a pas de lois musulmanes ; toute la législation des Arabes consiste dans l'interprétation des *versets* du *Koran*, et dans les avis des commentateurs qui, comme les avis des jurisconsultes européens, ne brillent pas toujours par une concordance exemplaire.

Cette confusion du droit de propriété s'est encore perpétuée jusqu'en 1873.

Enfin, la loi des 26 juillet et 9 août 1873 a mis un terme à cette situation en constituant, en Algérie, le droit de propriété individuelle pour tous les habitants. L'article premier de cette loi est ainsi conçu :

« L'établissement de la propriété immobilière,
» en Algérie, sa conservation et la transmission
» contractuelle des immeubles et droits immobi-
» liers, quels que soient les propriétaires, sont régis
» par la loi française. En conséquence, sont abolis
» tous droits réels, servitudes ou causes de réso-
» lution quelconques fondés sur le droit musulman

» ou kabyle, qui seraient contraires à la loi fran-
» çaise.

» Le droit réel de *chefâa* ne pourra être opposé
» aux acquéreurs qu'à titre de *retrait successoral*
» par les parents susceptibles d'après le *droit mu-*
» *sulman*, et sans les conditions prescrites par
» l'article 841 du Code civil. »

Voilà, Messieurs, les principes du droit *indivi-*
duel de propriété posés pour les Arabes, chez
lesquels, à l'exception des Kabyles, n'existait que
le *droit de propriété collective*, qui se trouve
abrogé par l'article 3 de cette loi disposant : « que
» ce droit qui avait été reconnu par le Senatus-
» consulte de 1863 au profit d'une *Tribu* ou d'une
» *fraction de Tribu*, sera constitué dans chaque
» *individu* de la *Tribu* par l'attribution d'un ou
» plusieurs lots de terre à l'ayant droit, et par la
» délivrance de titres opérée suivant l'art. 19 de
» cette loi ; et que la propriété du sol ne sera at-
» tribuée aux membres de la *Tribu* que dans la
» mesure des surfaces dont chaque ayant droit a
» la jouissance effective ; que le surplus appar-
» tiendra soit au *Douar*, comme bien communal,
» soit à l'Etat, comme bien vacant ou en déshé-
» rence. »

Ces principes ont pour conséquence l'assimilation des indigènes aux Français en tout ce qui
concerne la propriété immobilière. Il est même
stipulé, dans l'art. 4 de la loi, que tous immeubles
indivis entre particuliers, soit par suite de succession ou autre cause, seraient régis par l'art. 815
du Code civil d'après lequel nul ne peut être con-
traint de demeurer dans l'indivision.

Cette loi, Messieurs, apporte, comme vous le voyez, une amélioration importante à l'état de chose antérieur. En transformant le droit réel de *chefâa*, et en le réduisant aux limites du droit de *retrait successoral* français, elle a détruit la plus grande force de concentration que possédaient les indigènes riches pour accaparer toutes les propriétés mises en vente.

D'après ce *droit* musulman, tout copropriétaire de terres, même tout parent, membre de la Tribu, ou voisin du vendeur, pouvait exercer le rachat des biens vendus contre l'acquéreur.

C'est l'exercice abusif de ce droit qui, appliqué il y a une année en Tunisie, nous a valu de connaître le grand domaine de l'*Enfida*, dont le souvenir sera longtemps vivant dans l'esprit de la France. Le maintien de ce droit laissait toute acquisition incertaine.

Un grand bienfait qui résulte de la constitution du droit individuel de propriété immobilière pour les Arabes, est de pouvoir désormais offrir à un prêteur d'argent, ou à un acquéreur, un objet certain et leur donnant toute garantie. C'est le commencement des assises d'un crédit foncier sérieux.

Mais, Messieurs, si cette loi a renversé de grands obstacles qui s'opposaient aux progrès de l'œuvre de la colonisation, elle se ressent encore des traditions d'hésitation et de tâtonnements qui ont si longtemps paralysé ses efforts. En disposant, en effet, par son art. 7, « qu'elle n'entendait point » déroger au *Statut* personnel, ni aux règles de » *Succession* des indigènes entre eux, » elle a laissé planer sur son œuvre des éléments de difficultés dont le législateur n'a pas prévu l'importance.

Ce droit de propriété, en effet, ne se transmet pas seulement par les conventions contractuelles, il se transmet aussi par voie d'hérédité. Or, en enlevant les règles de l'hérédité chez les indigènes à l'action de la loi française, pour les laisser soumises au droit musulman qui n'existe, comme je l'ai démontré, qu'à l'état de coutume, et qui diffère suivant les races, on a maintenu, pour l'avenir, l'*incertitude* du droit de l'*individu* sur le bien qu'il prétendra lui appartenir par voie d'héritages, suivant le *droit musulman*.

Quel moyen aura l'acquéreur français, par exemple, de connaître, en présence de la confusion d'un pareil droit, si la terre qu'il achète d'avec l'indigène lui appartient légitimement ?

Il n'aura aucun moyen de certitude.

En créant le droit individuel de propriété chez les indigènes, il était de toute nécessité de mettre leur état civil en harmonie avec les exigences de son application, en décrétant le *mariage* civil, la constitution civile des *naissances* et des *décès*, et l'application du droit français à la dévolution des *successions*, et à la validité des autres transmissions gratuites.

Qu'est-ce que le mariage, en effet, chez les populations musulmanes, sinon un *marché* par lequel la femme devient, je ne dirai pas la femme légitime, mais l'esclave du mari qui, pour l'obtenir, donne un prix aux parents suivant sa valeur personnelle ? Elle n'a même pas le droit de manger à la même table que lui, mais le devoir de le servir.

Neuf fois sur *dix* ce mariage n'est même pas constaté par un acte. C'est le mariage purement religieux, et purement *verbal* aux yeux de la législation française.

Il n'y a point de base sérieuse, pour le droit de propriété immobilière, à attendre d'un état civil pareil, où tout est incertain, le *droit*, les *personnes*, les *actes*. C'est là un point qui doit être rectifié.

ORGANISATION JUDICIAIRE

VIII. — Au début de la conquête, l'organisation judiciaire des indigènes leur fut conservée. Le *Cadi*, dans chaque *Tribu*, était et resta le juge de toutes questions contentieuses au civil et au criminel.

Mais les autorités françaises, voyant un pouvoir judiciaire aussi absolu et considérable fonctionner, sans leur contrôle, ne tardèrent pas à en constater les abus ; ils s'empressèrent de faire rentrer dans le droit commun, toutes les questions de délits et de crimes en les attribuant aux tribunaux français, et ne laissèrent dans les attributions du *Cadi* que les questions de droit civil. Il fut même accordé aux indigènes de porter leur cause devant le juge de paix français, si toutes les parties y consentaient. Mais, dans les deux cas, quand la cause litigieuse, qui devait toujours avoir un caractère *personnel* et *mobilier*, dépassait en valeur la somme de 200 fr., elle était susceptible d'appel devant le tribunal d'arrondissement, où siégeait toujours un assesseur indigène. Ce fut par le décret du 13 décembre 1866 que cette réforme fut réalisée.

Mais le pouvoir judiciaire est une des forces principales de l'autorité gouvernementale. Et en le laissant ainsi trop longtemps, pour les *causes arabes*, aux mains des *Arabes*, on laissait naïvement aux mains de la résistance une arme formidable.

On penserait, en examinant les lenteurs apportées à l'organisation judiciaire de ce pays, que les autorités françaises ne se sont considérées longtemps, que comme *campées* en Algérie ; et que leur tâtonnement en laissait dans l'esprit fin et rusé de l'Arabe, la pensée et l'espoir.

IX. — Chez les Kabyles, dont j'ai signalé le caractère sédentaire et l'origine *aborigène*, l'organisation judiciaire était plus simple que celle des Arabes, et en différait notablement.

Ayant vu passer sur leurs contrées la domination romaine, les Kabyles avaient sans doute pratiqué la religion chrétienne. Des vestiges de monuments et de tradition et leur modération religieuse actuelle le feraient supposer. Et, s'ils ont adopté, sous le gouvernement des Turcs, le culte musulman, ils n'en observent que le dogme, dont les principes n'influent en rien sur leur droit civil. Il est indubitable que, si le prosélytisme n'avait pas été si impolitiquement exclu des relations de la France avec l'Algérie, ces 800,000 Kabyles seraient depuis longtemps rattachés au Christianisme et aux principes civilisateurs qu'il enseigne. C'est par ces moyens pacifiques que les Anglais s'attachent les peuples qu'ils ont conquis.

L'organisation judiciaire et administrative des Kabyles mérite une mention spéciale. Chez eux, chaque réunion d'habitants formait une espèce de village administré par une *Djemâa (assemblée des notables* nommée par les *suffrages du peuple)*.

Présidée par l'*Amin*, espèce de maire élu par elle, cette *Djemâa* exerçait le pouvoir judiciaire au civil comme au criminel, sans appel, ou bien elle déléguait en tout ou partie ses pouvoirs à des arbîtres, se réservant toujours l'exécution des sentences. Et quand le Gouvernement français enleva au *Cadi* des Arabes la connaissance des faits correctionnels et criminels, il l'enleva aussi aux *Djemâa*, mais il laissa intacte leur juridiction civile. C'était, du reste, se conformer au décret du 31 décembre 1859 qui, favorable aux Kabyles, avait stipulé que les Kabyles demeureraient régis par leurs coutumes.

Le droit des Kabyles n'était, en effet, qu'un ensemble de *coutumes* et *usages* séculaires que les *Djemâa* appliquaient ; qui n'empruntaient presque rien au Koran, et qui, comme autrefois celles de France, variaient de village à village.

Telle était la situation judiciaire que rencontrait la France sur la terre conquise.

X. — Cependant, il fallait sortir le plus tôt possible de ce régime des coutumes diverses et souvent mystérieuses qui n'avaient d'autre autorité que celle que donne la tradition se conservant héréditairement dans les familles.

Aussi, par décrets des 10 mars, 23 avril et 29 août 1874 les Pouvoirs publics, considérant que les populations Kabyles étaient plus accessibles, dès lors, aux réformes exigées par la marche de la civilisation et par l'intérêt de la colonisation, — abrogèrent le droit coutumier et les juridictions existant en Kabylie ; créèrent le tribunal de première instance de *Tizi-Ouzou* pour la grande Kabylie, et de *Bougie* pour la petite Kabylie ; instituèrent dans ces arrondissements un nombre suffisant de justices de paix ; et étendirent, en supprimant, dans ces ressorts, *Djemâa* et *Cadi,* la juridiction de ces tribunaux à toutes les causes civiles ou criminelles.

Mais si, par ces décrets, toute juridiction de *Djemâa* et de *Cadi* se trouvaient supprimées dans l'étendue des deux Kabylies (1), dans tous les autres pays arabes celle des *Cadi* restait vivante, dans les limites de la compétence civile !

Pourquoi cette différence de traitement ?

Elle s'explique d'autant moins que les Arabes, comme les Kabyles, accepteraient avec satisfaction la juridiction des juges de paix français à la place de celle des *Cadi.* Il y a mille raisons pour supprimer, d'une manière ferme et définitive, l'application des coutumes musulmanes, en leur substituant l'uniformité du droit français : les unes consistent dans la nécessité de mettre la *lumière* à la place de l'*obscurité* dans l'administration de la justice, et les autres dans l'obligation pour le Gouvernement de donner aux plaideurs les moyens de recours aux juridictions supérieures par la fixité du droit pour tous.

Comment, en effet, dans l'état actuel de la législation, un plaideur indigène pourrait-il se pourvoir en *cassation* pour violation de la loi qu'aucun texte ne formule ? Il n'y a pas de chambre de droit arabe à la Cour suprême !

(1) Les limites des deux Kabylies ont été fixées par un arrêté du Gouverneur général du 29 décembre 1874.

Poser la question c'est la résoudre.

Il est temps que les législateurs attachent leurs efforts à la réforme totale des règlementations transitoires et surannées dont l'inefficacité enchaîne de plus en plus la liberté d'allure et la libre expansion d'un peuple délaissé. Autant il était prématuré de vouloir lui imposer, dans les premières années de la conquête, le régime des lois, mœurs et traditions de la Mère-Patrie, avant de l'avoir instruit et mis en demeure de les comprendre, autant il serait impolitique de ne pas le soumettre, aujourd'hui qu'il est français, au régime absolu des lois françaises.

C'est cette assimilation complète que réclame l'intérêt de la colonisation.

XI. — Si je me suis attaché, Messieurs, dans les considérations que je viens de formuler, à examiner le côté moral de la colonisation algérienne, il n'est pas moins utile d'en examiner le côté matériel ; et de voir si l'organisation actuelle de la défense répond au besoin essentiel de sécurité de la colonisation.

ORGANISATION DE LA DÉFENSE

XII. — La conquête impose longtemps au conquérant l'obligation de la vigilance dans la défense, et de l'énergie dans les actes.

En Algérie, surtout, où les populations vaincues sont essentiellement guerrières ; où le *fusil* et le *yatagan* sont les compagnons de l'homme et comme un accessoire de son individualité ; où l'idée de la force domine toutes les autres, la force militaire, seule, impose aux indigènes quelque respect du nom français.

A quelles causes attribuer les révoltes incessantes qui surgissent dans la colonie, qui effraient les colons, et sèment si souvent sur le domaine des cultures et des travaux européens, les désastres et la ruine ?

Uniquement à ce fait que, depuis plus de 50 années que la France a pris possession de ce pays, on a négligé d'organiser, sur sa vaste étendue, le réseau rationnel d'une défense permanente et forte.

Aussi qu'a-t-on vu ?

Pendant que notre armée, forte en apparence, occupait seulement les contrées du littoral, la partie méridionale de l'Algérie, à partir de *Constantine*, de *Setif*, de *Tiaret*, de *Mascara*, de *Tlemcen*, jusqu'au Sahara, était, ou totalement dépourvue de forces militaires, ou bien surveillée par des garnisons impuissantes à résister au moindre choc ; et qui, comme les 28 hommes du poste de *Rahouia* sur la route de Tiaret, qui défendirent ce poste contre plus de 2,000 Arabes, dans la matinée du 21 mai 1864, et leur tuèrent plus de cinquante hommes, avant de succomber avec un seul homme vivant, sont condamnés à résister jusqu'à la mort, et à vendre héroïquement, mais inutilement leur vie !

C'est ce défaut d'organisation de la *défense* qui a été la principale cause des soulèvements indigènes, en permettant leur préparation en silence, loin des regards de l'autorité, qui le plus souvent, ne les connaît qu'en entendant *parler la poudre !*

Alors, de grands mouvements de troupes s'opèrent dans les villes de garnisons ; les colonnes

s'ébranlent et s'élancent par des marches meur-
trières à l'assaut des tribus révoltées dont la défaite demande quelquefois de longs mois, comme
nous en avons en ce moment le triste exemple. Et
quand les armes de la France ont vaincu, le mal
est fait, et d'innocentes victimes arrachées à leurs
travaux ont payé de leur vie l'imperfection de la
défense militaire.

La solidité de cette défense protectrice, Messieurs, est aujourd'hui la condition indispensable,
non-seulement du développement de la colonisation,
mais même de la conservation de nos possessions.

Est-ce là une œuvre impossible à accomplir ?

Je ne le crois pas.

Par suite de l'application des dispositions de la
loi précitée du 9 août 1873, la colonie possèdera
des *communes* sur tous les points du territoire et
des *citoyens* français dans toutes ces communes.
Il sera facile de déterminer, parmi elles, les points
stratégiques où des postes militaires pourraient
être avantageusement créés pour répondre à la
nécessité de correspondre entre eux par des *télégraphes aériens* que les Arabes ne pourraient
empêcher de fonctionner. Une ligne de ces *postes*,
outre ceux de l'intérieur, serait établie sur la
frontière méridionale de la colonie depuis un point
pris sur notre frontière du Maroc, au sud de *Sebdou,*
pour aller, en passant par *Biskra*, aboutir à la
frontière de Tunisie au sud de *Tebessa.* Cette ligne
de défense contre les *incursions* du sud et contre
les *soulèvements* d'un grand rayon qu'elle con-
courrait, avec les postes de l'intérieur, à ramener
au respect des lois, n'exigerait pas un dévelop-

pement de plus de 620 kilomètres ou 155 lieues. Et sur ce front de bandière, on créerait 15 postes militaires qui, éloignés de 10 lieues seulement les uns des autres, et correspondant au moyen des télégraphes terriens et aériens, seraient toujours en état de se porter secours instantanément.

Ces *postes-casernes*, défendus par des *Blokaus* dont les Arabes sont impuissants à s'emparer par la voie des armes, resteraient garnis de troupes d'*infanterie*, de *cavalerie* et d'*artillerie*, d'une manière désormais permanente, et de façon que chaque *poste* fût occupé par un nombre d'hommes de ces divers corps équivalant au nombre composant un régiment d'infanterie.

Chaque régiment serait divisé entre ces postes de défense et fixé en entier sur la ligne. Et l'on ne verrait plus la dispersion, sur le territoire, des divers bataillons d'un régiment, dont deux restent à Alger pendant que le troisième est à Constantine et le quatrième à Biskra ! ce qui nuit toujours à l'unité de commandement et à la bonne direction des opérations militaires.

Pour donner à cette organisation de la défense la *stabilité* sans laquelle elle serait sans efficacité, les régiments destinés à cette garde permanente seraient détachés de l'armée mobilisable et affectés, à demeure, à ce service spécial de la frontière. Le personnel se renouvellerait par le recrutement et le congément, mais le régiment ne pourrait être déplacé qu'au bout de dix années, et resterait là, divisé dans les postes, à titre sédentaire, comme la garde municipale de Paris, reste à Paris.

A un pays *exceptionnel* et turbulent, il faut une

organisation militaire et exceptionnelle qui, en faisant cesser la mobilité et les déplacements de troupes qui fatiguent le soldat, ruinent sa santé et enlèvent à la défense la force que donnent l'étude et la connaissance du pays, mette les troupes en contact avec les populations de la contrée et leur donne le moyen d'essayer d'obtenir, par la persuasion, une soumission qu'ils n'obtiendraient pas si sûrement par la crainte.

Devant le spectacle d'une défense armée bien postée et toujours en éveil, les Arabes, qui n'ont pas de nationalité constituée, pour lesquels la *Tribu* est l'Etat, sans solidarité avec la *Tribu* voisine, et entre lesquelles n'existent souvent d'autres relations que des rivalités armées, cesseraient de nourrir l'espoir, que leur inspire notre instabilité, de reconquérir l'Algérie et de nous chasser du pays.

C'est cet espoir qu'il faut détruire, et il ne disparaîtra de l'âme de ce peuple que par l'action d'une éclatante énergie et d'un châtiment sévère dont l'occasion est si cruellement offerte à la France.

Les chefs de Tribus : *Cheikh*, *Caïd*, *Cadi*, aiment les honneurs, et encore plus l'argent. On sait, par l'expérience du passé, avec quel empressement ils acceptent le fait accompli de la défaite et se mettent à la disposition des autorités victorieuses. Et, comme ils sont les maîtres absolus des Tribus qu'ils gouvernent, après les avoir domptés et châtiés par les armes, il faut utiliser leur influence sur le peuple par la bienveillance envers eux et se les attacher par des faveurs.

Je ne puis laisser en oubli les bureaux arabes dont on a tant médit. Ils ont été les courageux ouvriers de la première heure pour rallier à l'autorité française de nombreux contingents de chefs et de populations indigènes. Ce sont les officiers de ces bureaux qui leur ont appris à ouvrir des chemins, à creuser des puits, à planter des arbres, à construire des ponts, à cultiver le sol avec l'outillage perfectionné de l'Europe, et à *remettre en marche*, suivant l'expression d'un brave général, *cette société qui, depuis dix siècles, marque le pas.*

Les bureaux arabes, aidés des chefs arabes qu'ils s'étaient attachés, ont ouvert les voies à l'émancipation des races indigènes. C'est au Gouvernement qu'incombe le devoir de couronner cette œuvre patriotique.

L'ENSEIGNEMENT

XIII. — L'enseignement public à tous ses degrés, mais l'enseignement primaire en particulier, est, indubitablement, l'une des forces d'assimilation les plus puissantes que les Pouvoirs publics puissent employer dans un pays conquis, pour développer dans les esprits les lumières de la raison, faire connaître et respecter la Mère-Patrie, et arriver progressivement à la réforme des mœurs, des usages et des lois du peuple vaincu.

Cette force de l'enseignement n'a pas été suffisamment appréciée depuis la conquête, et, en laissant se perpétuer, sans contrôle sérieux, l'enseignement arabe dont le fanatisme religieux est le principal objet, on a laissé grandir dans la haine du nom français, cette forte génération d'indigènes qui nous menacent, et qui, façonnée par notre enseignement et nourrie des témoignages de la générosité française, serait aujourd'hui soumise et dévouée à la France.

C'était là le moyen le plus sûr d'arriver à la pacification du pays et à la fusion politique et économique des races différentes.

Qu'a-t-on fait à cet égard ?

Au commencement du second Empire, il n'existait encore en Algérie que :

1° le collège d'Alger, transformé en lycée ;

2° Et 77 écoles, dites alors *mutuelles*, réparties dans diverses villes de provinces.

Et au lieu d'assujettir les enfants des indigènes à suivre l'enseignement dans les écoles françaises où la langue arabe eût été enseignée, on maintint, au contraire, et l'on subventionna les quatorze écoles créées par les *Turcs,* où l'enseignement était exclusivement musulman !

Le Gouvernement de l'Empire porta ses regards vers cette situation et fit quelques efforts pour l'améliorer.

Une école préparatoire de *médecine* et de pharmacie fut établie à Alger ; quatre collèges d'enseignement secondaire furent créés à Oran, Philippeville, Constantine et Bône ; une école secondaire et primaire fut installée à *Mostaganem*, et un grand collège libre s'éleva à Oran, dirigé par des congréganistes. Enfin le nombre des écoles primaires s'éleva, en 1867, à 424 où 26,708 enfants de toute origine recevaient l'instruction.

Cependant l'élément arabe, quoique préférant l'instituteur français au *Taleb*, retenu à l'école musulmane par esprit de secte, fréquentait peu les écoles françaises.

C'est là une funeste *dualité* qui doit totalement disparaître sous le souffle civilisateur de l'assimilation.

Du reste, Messieurs, la création, par la loi de 1873, du droit individuel de propriété, sans distinction de race, est un témoignage que cette assimilation ne se fera plus attendre, et que tous les indigènes, devenus citoyens français et fondus dans l'unité nationale, subiront, sans exception, toutes les lois de la France, et devront être soumis à toutes ses institutions.

L'AGRICULTURE ET LA COLONISATION AGRICOLE

XIV. — L'Algérie, Messieurs, est un pays qui doit être essentiellement agricole, et c'est vers l'agriculture progressive que doivent tendre les Pouvoirs publics et qu'ils doivent diriger les efforts des colons.

Si les diverses industries trouvent là un vaste champ à parcourir, elles ont besoin, en grand nombre, de l'agriculture comme base de production ; de sorte que le concours de l'agriculture et de l'industrie est l'agent le plus important du développement de la colonisation.

Mais pour que l'agriculture soit prospère, il est nécessaire qu'elle soit guidée, surtout quand elle opère sur un sol presque vierge, par l'enseignement de la science agronomique.

Or, l'enseignement agricole est encore dans l'enfance, en Algérie, et nous devons plaider sans cesse la cause de sa vulgarisation pour laquelle les rares comices agricoles, que l'initiative des colons a fondés, font les plus louables efforts.

Dans les contrées du sol algérien où les indigènes sont mêlés aux cultivateurs européens, on constate qu'ils suivent volontiers les exemples de ceux-ci, et que, doués d'un esprit fin et observateur, ils comprennent l'importance qu'il y a pour eux d'abandonner leurs routines agricoles, et d'entrer hardiment dans le progrès.

L'enseignement théorique, appuyant les expérimentations pratiques, amènera promptement un grand mouvement agricole parmi les colons de toute origine, et parmi les indigènes devenus individuellement propriétaires.

Cet enseignement agricole a été unanimement sollicité par le Congrès qui s'est tenu à Alger le 14 mai dernier, et devrait être promptement organisé.

XV. — Toutes les améliorations que j'ai signalées, Messieurs, sont tout à fait indispensables pour fonder la prospérité de la colonisation sur les bases d'une sécurité parfaite, et d'une entière liberté du travail.

Avant de demander à l'homme du vieux monde, qui, sentant qu'il n'y a bientôt plus de place pour lui sur le sol natal, vient chercher dans l'ancien grenier de Rome un aliment à son activité, il faut lui assurer que, là, il ne trouvera pas seulement la *terre* qu'on lui offre, mais, en outre, la *sécurité* de sa personne et de ses biens, et une administration tutélaire garantissant à la vie de famille toutes les satisfactions matérielles et morales qu'il a le droit d'attendre d'un pays civilisé.

Mais quelle est la situation actuelle de l'industrie agricole en Algérie ?

Il s'écoula de longues années, après la prise d'Alger, avant que le drapeau de la France, victorieux des résistances indigènes, pût flotter jusqu'aux limites du *Tell*. Ce fut sous le feu de ces combats de chaque jour que commença l'œuvre de la colonisation agricole, protégée par cette légion de généraux et d'officiers légendaires dont la France a raison d'être fière.

Cependant, pendant ces temps troublés le travail des défricheurs ne s'étendait pas, et restait cantonné dans le rayon des garnisons militaires.

Ce fut l'armée elle-même qui donna l'impulsion.

Un fait à noter, Messieurs, et à ne pas perdre de vue dans ces difficiles débuts des pionniers agricoles : c'est que ce furent nos braves soldats qui ouvrirent la marche au progrès de l'agriculture, associant, suivant le vieux proverbe : *la charrue et l'épée*. Sans eux, sans leur persévérance dans l'idée qu'il était patriotique de faire suivre l'armée de la conquête et de la défense, par l'armée des travailleurs agricoles, la colonisation du *Sahel* (littoral) et du *Tell* eût été retardée de longues années encore.

Les officiers du génie et de l'artillerie se faisaient architectes, agents-voyers, conducteurs des ponts et chaussées, mineurs, constructeurs ; les soldats se faisaient bûcherons, terrassiers, maçons, couvreurs ; ceux du train des équipages transportaient les matériaux, et traçaient les premiers sillons. Tous cherchaient les sources d'eau, construisaient des puits et des citernes, réparaient ceux des Romains, cachés dans les broussailles ; mettaient en marche, enfin, le travail agricole en soutenant le courage des premiers défricheurs.

Au milieu de ces initiateurs intrépidés de la colonisation, brille au premier rang celui qui, loin de se laisser éblouir par l'éclat de ses gloires militaires, s'était dévoué à l'œuvre agricole, le général Bugeaud, Gouverneur général.

Par arrêté du 18 avril 1831, il décida que la colonisation d'un territoire et la formation de centres de population seraient désormais autorisés par le Gouverneur général.

Cet arrêté fut suivi de la création de plus de 100 villages. Et comme le calme s'était rétabli dans le pays par la défaite d'*Abd-el-Kader*, on sentit le besoin de poser des règles pour la concession des terres afin de faire face aux demandes nombreuses qui se produisaient.

Ce fut l'objet de l'ordonnance royale du 1er septembre 1847 qui disposa :

1o Que les concessions de 25 hectares seraient accordées par le directeur des affaires civiles dans les territoires civils, et par le général commandant dans les territoires mixtes ;

2o Que celle de 25 à 100 hectares seraient accordées par le Gouverneur général ;

3o Que celles dépassant 100 hectares seraient accordées par le Roi ;

4o Que les concessions faites aux indigènes ne seraient pas soumises au cautionnement ;

5o Et que celles des forêts, mines et sources thermales seraient accordées par le Roi.

Les demandes devaient être accompagnées d'un état indicatif de la situation du terrain et d'un acte de notoriété notarié faisant connaître les ressources pécuniaires du demandeur, et son aptitude.

C'est à partir de cette régularisation des concessions que la colonisation a véritablement commencé à se développer.

L'Empire avait encouragé ces efforts. C'est dans une lettre de l'Empereur au Gouverneur général du 5 février 1863, que l'on trouve ces paroles :

« De la multiplicité des transactions entre les » *indigènes* et les *colons*, naîtront des rapports » journaliers plus efficaces pour les amener à la » civilisation que toutes les mesures coërcitives. »

Cette lettre fut suivie du *Sénatus-Consulte* du 22 avril 1863, que j'ai déjà signalé. Comme il se bornait à prescrire la délimitation des *Tribus* et des *Douars,* il ne donna aucune impulsion à ces *transactions* dont l'Empereur attendait de si bons résultats. Aussi, depuis sa promulgation jusqu'à l'année 1871, d'après une statistique officielle exacte, les transactions immobilières, entre *indigènes* et *colons,* se résument en :

1º 30,853 hectares 15 ares 91 centiares vendus par les Tribus aux colons, ci..... 30,853^h 15^a 91^c

2º Et 11,320 hectares 52 ares 94 centiares vendus par les colons aux indigènes, ci................ 11,320 52 94

Différence en faveur des colons pendant *neuf années* 19,532 62 97

Pas 2,500 hectares par an !

A quoi attribuer alors cette lenteur dans les transactions entre habitants d'un même pays ?

Uniquement à l'absence de l'appropriation individuelle du sol, fixée par une disposition claire de la loi française. C'est cet obstacle que la loi de 1873, dont j'ai analysé les dispositions, a eu pour but de supprimer, en donnant, à chaque habitant, le droit de disposer du terrain que l'exécution de cette loi lui aura attribué.

Cette amélioration a donné aux colons l'espoir de pouvoir agrandir leur domaine par des achats faits aux indigènes. Mais il est à craindre qu'ils ne persistent à se montrer peu disposés à vendre leurs terres aux colons, comme je viens d'en citer un exemple. Car, alors, détenant en vertu du *Sénatus-Consulte* de 1863, la plus grande étendue du sol algérien, ils entraveraient par là très gravement le développement de la colonisation.

Quelle faute ont commise les gouvernements de la Métropole quand ils ont ainsi attribué, *je dirais plus exactement donné,* aux *possesseurs* indigènes, sans aucune compensation, la propriété des biens possédés !

Mais ces libéralités résultent de documents officiels qu'on ne peut révoquer sans motifs, pour ressaisir des terres qui étaient cependant domaniales. Les révoltes, *seules*, des Tribus seraient l'un de ces motifs légitimes, si les Gouvernements voulaient enfin faire acte d'autorité et reprendre tout le territoire de la Tribu révoltée par voie de *confiscation*, sauf à remettre, individuellement, à ceux dont l'innocence serait prouvée, les terres dont ils auraient besoin pour leurs cultures.

Permettez-moi de rappeler très brièvement quelle était, approximativement, l'étendue des terres sur lesquelles la Régence turque, à laquelle la conquête substituait la France, avait un droit de propriété.

Premièrement. -- Dans le *Tell*, les biens du *Belick*, biens de l'Etat, à la disposition du Bey, consistaient en :

1⁰ 1,500,000 hectares, sous le nom de terres *réservées*, terres de *corvées*, terres des *silos* où étaient déposés les grains de la Dime (achour), terres d'*étappes*, terres de prairies, etc.....   1,500,000[h]

2⁰ 3,000,000 d'hectares de *forêts*, de *parcours*, de terres d'*Alfa*, etc., appartenant à la *communauté musulmane*, et n'ayant jamais été l'objet de l'une de ces trois appropriations arabes : individuelle, familiale ou collective, et restant à la disposition de l'Etat, ci.........................   3,000,000

3⁰ 5,000,000 d'hectares de terres affectées aux *Tribus*, à titre de jouissance collective *(terres Arch)*........   5,000,000

4⁰ 1,500,000 hectares de terres d'origine musulmane qui, bien qu'affectés à des familles, dans les Tribus, à titre privé *(terres Melh)*, restaient à la disposition de l'Etat et du Souverain, ci.   1,500,000

Deuxièmement. — Dans les régions en dehors du *Tell*, les biens de l'Etat consistaient en :

1⁰ 6,000,000 d'hectares de terres des *oasis* (Ksour) conquises et améliorées par le travail dans les zônes sahariennes, sur lesquels l'Etat n'avait qu'un droit de revendication, ci.   6,000,000

2⁰ Et 23,000,000 d'hectares de terres de parcours généraux, comprenant dans les mêmes zônes les contrées d'*Alfa*, classées dans les biens de la communauté musulmane, faute de

vivification et d'attribution individuelle
ou collective, et restant à la disposition de l'Etat, ci.................... 23,000,000

Total.......... 40,000,000[h]

En retranchant les terres des *oasis*
ci-dessus possédées par des familles,
qui les avaient vivifiées comme terres
mortes, suivant la tradition musulmane, sur lesquelles l'Etat conserve
cependant un droit de libre disposition, ci....................... 6,000,000

Il restait au Domaine une étendue
qu'on a ainsi jetée à tous les vents de
possessions arbitraires de.......... 34,000,000

Et cependant les terres domaniales devaient être
précieusement réservées d'après les titres divers
que je viens de rappeler, car ce sont les seules
dont le Gouvernement peut disposer pour la colonisation.

Les forêts de l'Etat, qui font partie des biens
compris sous le numéro *deux* ci-dessus, dans le
Tell, ont une étendue de 1,800,000 hectares, dépassant ainsi de 723,000 hectares toutes les forêts
domaniales de la Métropole qui ne s'élèvent qu'à
1,077,000 hectares.

Si donc la France veut arriver à détourner vers
l'Algérie le flot de l'émigration européenne qui se
dirige annuellement vers les Etats-Unis d'Amérique, où, du 1er juillet 1880 au 30 juillet 1881,
une légion de 668,000 colons ont pris pied, elle
le peut en améliorant, sans retard, les conditions
de résidence dans la colonie et des facilités des
concessions.

XVI. — Il reste un point, Messieurs, que je dois aborder, et je ne puis le faire avec joie : c'est celui qui concerne la population coloniale.

Au 30 juin 1847, d'après un nouveau recensement, la population coloniale, en dehors des indigènes, s'élevait à 112,924 individus de toute nationalité, ci............................ 112,924

Au 30 juin 1862, elle s'élevait au chiffre de....................... 192,746

Elle n'avait donc gagné dans quinze années que........................... 79,822

Depuis cette époque elle s'est accrue d'environ cent mille individus dans vingt années et s'élève à environ 200,000 individus.

Or, d'après les recensements de 1847, la population indigène s'élevait, savoir :

Pour les Kabyles.................. 800,000
Et pour les Arabes 2,000,000
Ensemble....... 2,800,000

Mais, d'après le recensement opéré pour 1872, cette population totale ne s'élevait plus, par suite d'émigration et d'épidémie, qu'à 2,123,045 individus, ci........................... 2,123,045

Ce qui constituait une diminution considérable de 676,955 individus, ci. 676,955

Bien qu'il soit indubitable que la population indigène soit arrivée à sa période de décroissance, l'écart qui résulte de ces observations entre les deux peuples est trop considérable pour ne pas être inquiétant et pour ne pas commander la vigilance et la sollicitude des Pouvoirs publics. Ils doivent chercher les moyens de combler ce vide. A cet égard, leurs efforts doivent s'exercer *vers* les classes déshéritées de la fortune, qui comptent tant d'hommes laborieux et courageux, capables et heureux de prendre en main le travail du dé-frichement, qui doit les conduire à la possession du sol et à l'aisance ; *vers* ces orphelins jetés dans le monde sans appuis et sans guides, et qui grandiraient sous les auspices de ce travail champêtre, pour devenir des hommes vertueux et laborieux, des hommes de bien ; *vers* les soldats congédiés dont la plupart accepteraient des concessions et deviendraient, par leur habitude de respect pour la discipline, les modèles des colons.

XVII. — Après l'exécution de la loi de 1873, et la transformation des *Douars* en communes, rien n'est plus facile que de créer des villages sur tous les points du territoire cultivable, que la délimitation qu'elle prescrit aura laissé à la disposition de l'Etat, surtout sur les hauts plateaux du *Tell* où la terre est d'une grande fertilité.

Les villages se composeraient d'abord de *cent maisons* appropriées pour exploitations agricoles, dont l'Etat ferait les avances qui lui seraient remboursées par le colon et par annuité.

L'Etat assurerait également au colon, moyennant cet engagement, de le rembourser par annuité, des avances nécessaires pour se procurer les ustensiles aratoires et les bestiaux qui, au début, sont nécessaires.

Et, ainsi protégé et aidé dans ses débuts, toujours difficiles à traverser, tous les colons se mettraient courageusement à la tâche et sortiraient tous triomphants à l'épreuve.

C'est cette protection pécuniaire, nécessaire, devant laquelle les Pouvoirs publics se sont toujours arrêtés, sous le faux prétexte de ne pas engager les finances de l'Etat dans des aventures, et dont l'absence a paralysé notablement l'immigration des colons.

Est-ce courir aventure que de faire des sacrifices pour attirer sur ce domaine de l'Etat ces Italiens, ces Espagnols, ces Irlandais, ces Autrichiens, et surtout ces Français sans fortune qui en feraient bien vite une contrée riche et florissante ?

Serait-ce un sacrifice hors de proportion avec l'œuvre accomplie que de fonder ainsi, chaque année, *cent villages* de *cent maisons*, qui, à 300,000 francs par village pour l'installation et les avances, imposeraient à l'Etat, non pas une somme perdue comme beaucoup qu'il consacre à des objets moins utiles, mais une simple avance de *trente millions*, dont il recouvrerait la presque totalité ? Une proposition tendant à accorder *cinquante millions* pour encouragement à la colonisation n'est-elle pas déjà pendante devant la Chambre des députés, mais sans précision dans l'application ultérieure ?

Un bon propriétaire a le devoir de ne pas laisser son domaine en friche, et il en est ainsi pour l'Etat. Et, si les gouvernants savent organiser la propagande des avantages accordés aux colons par l'intermédiaire des municipalités pour les villes et les communes, et par l'intermédiaire des colonels pour les militaires, ils verront promptement des légions de travailleurs répondre à un appel sérieux.

XVIII. — On est étonné de constater qu'il n'existe encore en Algérie que le nombre de colons européens que j'ai signalé. Comment pourrait-il en être autrement ? Est-ce que les succès des colons agriculteurs de cette partie de la France sont connus en France ? Est-ce qu'une publicité officielle qui viendrait instruire le cultivateur français, jusqu'au foyer de la chaumière, de ce qui se fait en Algérie, a jamais été tentée par la voie des autorités municipales ? Est-ce que cette terre fertile est connue d'eux autrement que par le bruit des batailles indigènes ?

Cependant, l'agriculture compte là des hommes d'un grand mérite et dont les succès sont bien faits pour encourager l'immigration.

Le sol de l'Algérie, généralement argilo-calcaire, surtout dans le *Tell*, est d'une excellente qualité, très fertile, et propre à l'ensemencement des produits les plus divers, parmi lesquels il en est que l'Europe va chercher très loin et qu'on obtiendrait là, à deux cents lieues seulement de la France. Toutes les plaines du *Tell*, notamment celle de la *Mitidja*, sont, par leur température tempérée, propices à toutes les cultures.

1° En *céréales* : les blés durs, les blés tendres, les orges, les maïs, le millet, le seigle, l'avoine, donnent des produits abondants. Les cultures donnent en moyenne 25 pour un en blé et 30 à 35 pour un en orge ; quand le maïs a pu être irrigué, ou n'a pas souffert des chaleurs, il arrive à un rendement de 65 hectolitres à l'hectare.

La farine du blé dur est préférée, par le commerce, à celle du blé tendre, pour la supériorité de sa valeur nutritive. C'est elle que l'Arabe emploie pour faire le *couscous,* espèce de bouillie dont il fait son aliment.

2° La culture des *fèves*, du *sorgho* et des pois est très fructueuse pour les cultivateurs.

3° La *vigne*, que l'on disait étrangère aux cultures arabes, était au contraire cultivée par eux bien longtemps avant la conquête française. Mais elle n'avait eu pour but que la production du raisin de *table* et des raisins *secs* dont ils faisaient un grand commerce, et dont le principal port d'exportation était *Dellys.*

Dès ces temps reculés, *Mascara, Médéah, Cherchell, Miliahna, Mostaganem,* possédaient des vignobles d'une grande étendue.

Mais il appartenait aux colons français d'introduire la production du vin dans cette contrée sur une grande échelle, surtout depuis que les vignobles de France sont dévastés par le phyloxera.

M. Alcaq, agriculteur à Joinville, sur la *Chiffa,* au pied de l'Atlas, exploite une étendue de 350 hectares de terre, dont 120 hectares sont en vignobles, et lui ont produit, en 1878, deux mille trois cents hectolitres de vin ; l'année suivante, trois mille hectolitres ; en 1880, trois mille cinq cents hectolitres ; et cette plantation n'avait été commencée qu'en 1874 ! Ces vins excellents, riches en couleur, sont vendus à Alger à cinquante centimes le litre.

Cette seule culture lui a donc donné, en 1880, un produit brut de *175,000 francs.*

M. Herran, cultivateur à *Boufario,* est arrivé, par un bon choix de cepages, à produire un vin

blanc, genre Bordeaux, qu'il vend 100 francs l'hec
tolitre.

Les Frères de la Trappe de. *Staoueli,* dont le monastère possède 1,200 hectares de terre, ont 200 hectares en céréales ; 230 en vignes ; 25 en géraniums, pour la fabrication des parfums qui rapportent 1,000 francs à l'hectare ; et le reste en cultures fourragères, orangers et pépinières. En 1877, ils ont récolté 8,000 hectolitres de vin qui, à 50 fr. l'hectolitre, leur ont produit *400,000 fr.* Les bestiaux, les céréales et les fourrages leur donnent, chaque année, des résultats qu'aucune exploitation en France ne pourrait atteindre.

M. de Bonand exploite une étendue de 280 hectares. Il en consacre 100 aux céréales ; 100 aux fourrages, lin, tabac, fèves, jachères ; 60 à la vigne, et le reste aux orangers et oliviers. Ses abondants fourrages lui permettent l'élevage du cheval et des bêtes à cornes dont il fait un commerce très fructueux.

Voilà des exemples de la culture algérienne.

4° La culture des fourrages et des plantes fourragères donne des produits très abondants, surtout en sainfoins, luzernes et trèfles. En outre, à partir de la fin des chaleurs, vers la fin d'octobre, tous les plateaux se couvrent d'herbes naturelles qui traversent l'hiver pour atteindre, au printemps, une hauteur de deux à trois pieds.

5° Toutes espèces de légumes réussissent bien en Algérie. Dès la fin de janvier on peut en exporter en France où ils sont vendus très cher comme primeurs.

6° La culture du tabac forme, dans le *Tell,* l'une

des cultures les plus productives. Ses qualités sont reconnues comme supérieures à celles des tabacs du Kentuky et même du *Maryland*. Et comme tous les Arabes, à l'exception des *Marabouts,* fument continuellement, cette culture donne de grands bénéfices, d'autant plus que, recueilli en juillet, sans toucher les pieds, ce tabac donne une seconde récolte avant les pluies de novembre.

7° La *culture du coton,* qui avait été pratiquée si fièvreusement lors de la guerre de sécession des Etats-Unis, a été trop délaissée depuis. Cette plante réussit très bien dans les plaines du *Tell* et les hauts plateaux, et l'espèce de coton dite *longue-soie,* si recherchée par l'industrie, y donne des produits abondants, surtout sur les points susceptibles d'irrigation.

8° La culture du *lin* et du *chanvre* est très productive sur ce sol et demande peu de frais de préparation.

9° L'alfa est une plante naturelle que cultive seule la nature. Elle couvre d'énormes étendues des contrées sahariennes, où ses touffes hautes d'un mètre donnent des produits illimités. Son emploi à la fabrication de corbeilles, de cordages, de sacs, de chapeaux, de tapis, de chaussures, est très répandu. Il s'en fait un grand commerce.

10° La *garance,* le *henné,* l'indigo, la noix de galle, l'olivier, l'arachide, la cameline, le colza, la navette, le sésame, le tournesol, le ricin et le pavot, sont des produits qui, dans ce pays, donnent aux cultivateurs de beaux bénéfices.

11° Enfin, la canne à sucre, trop peu cultivée, les orangers, les citroniers, les dattiers, les grenadiers, les figuiers, les amandiers, les géraniums, pour la fabrication des parfums, ainsi que la lavande, la menthe, les rosiers, le thym, pour les essences et l'industrie, sont des produits très recherchés par l'Europe.

XIX. — L'élevage du bétail est pratiqué par les colons sur une large échelle, à cause des abondantes sources de fourrages qu'ils peuvent se ménager. Cependant, comme il faut de larges parcours pour les moutons, les colons n'ont que des troupeaux peu nombreux. L'espèce de moutons importée qui a réussi à s'acclimater, est le mérinos du midi de la France.

D'après les statistiques officielles présentées en mai dernier au congrès d'Alger, par M. Arlès-Dufour, l'un des colons les plus actifs du *Tell*, les colons européens n'auraient en possession qu'un million d'hectares contre 10,135,000 possédés par les indigènes ; que les colons n'ont en culture de céréales que 377,000 hectares contre les indigènes 2,570,000 hectares ; que les colons européens entretiennent, sur leurs possessions, l'équivalent de 140,000 têtes de gros bétail, du poids moyen de 300 kilogrammes, soit un poids vif de 40 kilogrammes à l'hectare ; tandis que les indigènes ne possèdent, sur l'immense surface qu'ils détiennent et stérilisent, que l'équivalent de 110,000 têtes de gros bétail pesant 250 kilogrammes, soit un poids vif de 25 kilogrammes à l'hectare.

Cette différence explique la supériorité du travail européen sur le travail indigène.

Dans la ferme exploitée par M. Arlès-Dufour, qui comprend environ 600 hectares, dont 400 hectares seulement en terres cultivables, on constate l'existence de 240 bêtes à cornes, 60 chevaux, 1,000 moutons, le tout basé sur le système du croisement : pour l'espèce bovine, le taureau Durham avec la vache de Guelma ; pour l'espèce ovine, la brebis arabe avec les Southdown ou le *Shropshire* ; pour la race chevaline, l'étalon breton amélioré avec les juments françaises de toutes races.

Ici l'on trouve près de 300 kilogrammes de poids vif de bétail par hectare.

Ces exploitations sont des modèles qui jettent dans la colonie la plus salutaire émulation.

XX. — En ce qui concerne les céréales, les colons européens sont dans l'habitude d'ensemencer sur un seul labour, avec une faible fumure, et d'exploiter sans assolement fixe. Aussi le rendement n'est en moyenne que de 8 à 10 quintaux à l'hectare.

Les indigènes, sauf ceux qui se sont décidés à imiter les cultivateurs européens, se servent toujours de l'araire des anciens temps, se bornent à déchirer la superficie du sol, ne mettent aucune fumure, qu'ils ne pourraient composer, à défaut de stabulation de leurs animaux, sèment dans ces labours rudimentaires, et n'obtiennent qu'un rendement de 5 à 6 quintaux à l'hectare.

Quelle différence de production avec celles des cultures bien conduites, comme celles de M. Arlès-Dufour, dont les rendements en céréales sont, en moyenne, savoir :

En blé, de 14 quintaux à l'hectare ;

En avoine, de 20 quintaux ;

En maïs, de 28 quintaux,

Il reste donc de grands progrès à réaliser, même par l'exploitation européenne, dont les colons ont été obligés, dans les débuts, de hâter les cultures au lieu de les soigner, afin d'en retirer le plus promptement possible les aliments nécessaires à la vie. Mais avec un travail perfectionné on arrivera à augmenter facilement d'un tiers la production européenne.

Cet aperçu des produits de cette terre d'élite suffit pour donner une idée des immenses ressources qu'elle offre en récompense au travail intelligent et persévérant.

Proclamons donc hautement, Messieurs, éclairés par la lumière de faits incontestables, qu'en faisant planer enfin sur l'Algérie, par l'énergie de notre attitude nationale et la protection de nos armes, une *sécurité* parfaite, la colonisation se développera et transformera le pays avec autant de promptitude qu'elle a mis de lenteur à s'affirmer.

Je terminerai cet entretien, Messieurs, en répétant ces paroles d'un homme compétent :

Que la France ne perde pas de vue un seul instant :

1° Que les Arabes ont la conviction que nous abandonnerons un jour leur pays, comme l'ont fait leurs anciens dominateurs, les Romains, les Vandales, les Espagnols, les Turcs ;

2° Qu'en prévision d'une revanche européenne, il faut que l'Algérie soit une cause de force et non une cause de faiblesse pour la Mère-Patrie ;

3° Qu'il faut reconnaître que, sur ce sol toujours tremblant, l'Arabe est un sujet qui, quand il se révolte, est hors la loi ;

4° Il serait donc de bonne politique de profiter des révoltes actuelles pour que la France montre aux indigènes qu'elle est à bout de patience, et qu'elle est fermement résolue à mettre fin à l'existence trop longtemps tolérée de tant d'*Etats* dans l'*Etat*.

Lors de la mise à exécution du Senatus-Consulte de 1863, les *Tribus* reconnues par le recensement, et qui forment autant de petits Gouvernements particuliers, s'élevaient au nombre prodigieux de 723 !

Sur ce nombre, 402 avaient déjà été délimitées en 1874, et divisées en 732 *Douars*-Communes.

Il faut en finir avec notre système de pusillanimité et de modération qui assure l'audace des indigènes et nous rend *dupes* naïfs des *amans*, qu'après la défaite ils obtiennent de la France.

Châtiment des révoltés ; retour de leurs biens au Domaine ; organisation de la surveillance armée et assimilation de l'Algérie à la France pour l'*Indigénat* comme pour les *Colons;* voilà, Messieurs, les seuls moyens pratiques de *solution* de la question algérienne.